AF438124

LA VÉRITÉ OU LA MORT !

L'EMPEREUR, LE PRUSSIEN

ET LES

EMPOISONNEURS DE LA FRANCE

PAR

UN PAYSAN DU MIDI

Tout mal vient de soi-même.

(J.-J. ROUSSEAU.)

PARIS

SE VEND CHEZ TOUS LES LIBRAIRES

1871

LA VÉRITÉ OU LA MORT !

L'EMPEREUR, LE PRUSSIEN

ET LES

EMPOISONNEURS DE LA FRANCE

L'obscur campagnard qui vient barbouiller ce papier pour dire ce qui lui trotte par la tête sur les affaires publiques, est bien réellement un paysan des contrées du Midi, qui a passé sa vie aux champs et au travail.

Il ne sait trop comment il en est arrivé à écrire sa pensée, — si ce n'est à force de vouloir savoir le vrai du vrai et d'y réfléchir pour pouvoir être utile.

Je dois, avant d'entrer en matière, vous prévenir que tout le long de ces pages j'aurai à vous mitrailler, sans trêve ni merci, de ma rustique personnalité. Et puisque j'ai l'audace de me figurer qu'il peut sortir quelque chose de bon de ma cervelle, je vais vous faire part, sans phrases, sans façons, de mes idées sur la bouillabaisse politique que la France avale en ce moment avec un si révoltant ridicule.

Je sais bien que ce droit pourra m'être contesté et que plus d'un champion enragé de la liberté de la presse va me trouver d'une audace bien criminelle d'oser ainsi publier mon opinion sur les droguistes qui ont écoulé et qui écoulent leurs médicaments politiques et socialistes, sous prétexte de guérir la France.

Mais je vais carrément m'expliquer et dire, avant tout, à mes lecteurs la raison qui me met la plume à la main.

J'aime à bien vivre, bien boire, bien manger, et je préfère le spectacle admirable de la nature aux sublimes élucubrations de messieurs les journalistes.

Pour satisfaire cet instinct pervers, j'avais depuis longtemps rêvé d'acquérir par mon travail une petite fortune, me donnant un revenu honnête, une pièce de cent sous à manger par jour.

Avec ces ressources, qu'on ne trouvera pas exagérées, je serais allé voyager en homme indépendant et j'aurais contenté mon goût pour les curiosités, la nature et l'humanité.

J'étais à la veille d'atteindre ce but, et je vous fais grâce de l'histoire de tous mes efforts pour le réaliser, lorsque les bons patriotes qui, depuis tantôt dix ans, avaient si bien empoisonné l'esprit public, vinrent ruiner toutes mes espérances, en plongeant la France dans le plus profond et le plus épais des bourbiers, par l'insurrection du 4 septembre.

Vous savez ce qui en est résulté pour notre pauvre pays. Vous vous rappelez nos soldats tués ou mutilés, nos campagnes ravagées, nos provinces arrachées à la mère-patrie et nos écus sortis de notre bourse pour aller s'engouffrer dans la poche du Prussien. Ce sont là des pertes et des douleurs communes à tous les Français. Mais, pour mon compte particulier, j'ai, en sus, vu s'évanouir tout le fruit de mon travail passé, et, par-dessus le marché, ma chère indépendance a trouvé une nouvelle entrave dans une ribambelle de petits neveux que j'ai à protéger et que je vais avoir l'agrément de voir grandir dans la misère et l'ignorance dont j'ai eu tant à souffrir.

Je vais donc reprendre la pioche, retourner au travail, et m'échiner pour réparer mes pertes et poursuivre, de nouveau, le même but modeste que j'avais.

Mais d'abord je veux tenter un suprême effort pour combattre à outrance le mensonge et le crime.

Si je suis arrivé à voir clair dans les intrigues de ces hommes sans honnêteté et sans conscience, que je désigne sous le nom de droguistes ;

Si j'ai compris comment et à quel point ce parti fatal a perverti et égaré le peuple ;

Si je vois les moyens de remédier au mal et de rendre à la France son ancienne puissance et son ancienne prospérité, et, par conséquent, la tranquillité et l'abondance pour tous,

J'ai, je crois, le droit et le devoir de communiquer ces sentiments. Les taire serait anti-patriotique.

Je prends donc ma vulgaire plume et je vais dire la salutaire et sainte vérité.

L'esprit le mieux trempé du monde, dégagé de tout parti pris, qui se donnera la tâche de dénicher l'origine des épouvantables malheurs qui viennent d'aplatir la France, est nécessairement condamné à se heurter à l'écueil de l'immortelle Révolution.

La bande de conspirateurs, qui formaient la gauche sous l'Empire, se disaient les rejetons de cette immortelle Révolution et prétendaient en représenter les mêmes principes immortels.

Ces principes, s'ils tendent à l'affranchissement humain, s'ils remplacent l'aristocratie de la naissance par celle du mérite, s'ils donnent à l'homme la conscience de sa propre valeur et du parti qu'il peut tirer de son intelligence et de son travail, s'ils lui inculquent la soumission entière à la loi, — la gardienne de tous, — l'amour de la patrie, le respect de soi-même et des autres, le souci des intérêts bien entendus, — ces principes ne peuvent qu'être bons, et nous devons tous en désirer l'application.

Mais, dénaturés à plaisir par ceux qui veulent tout renverser, pour satisfaire leur ambition et leur cupide intérêt, ils ont été présentés au pauvre peuple sous des figures bien différentes.

Lui, il y est allé de confiance.

Trop enthousiaste, trop avide de bien-être et trop aveugle pour deviner la fraude, il s'est laissé aller à ce déplorable courant qui devait l'entraîner dans d'immenses catastrophes.

D'après les anciens représentants de la gauche, nous avons tous, en France, le droit de nous croire de grands hommes et de prétendre gouverner parce que nous descendons de ceux qui ont pris la Bastille.

Or, tout notre mérite, à nous autres Français, se réduit depuis lors à avoir tiré les marrons du feu pour les autres nations ; et je vais le démontrer :

De révolution en révolution, la France a vu sa puissance et sa prépondérance diminuer.

De révolution en révolution, nous nous offrons gratuitement en spectacle à toutes les autres nations. Si nous faisons quelque chose de bon, elles en profitent, et, dans le cas contraire, elles en prennent prétexte pour nous accabler de leurs dédains.

De révolution en révolution, la France s'est vue reléguer à la queue de toutes les nations.

Elle a perdu deux de ses plus riches provinces, et se trouve déshonorée, ruinée, mutilée et couverte de ridicule.

C'est là malheureusement la sinistre et épouvantable réalité, et nul ne peut la nier.

Eh bien ! que reste-t-il à faire, en pareil cas ?

La France est-elle disposée, oui ou non, à se relever de cette chute désespérante par un traitement radical ?

Oui, mille fois oui ! Et pour en arriver là, il n'y a qu'un moyen : c'est d'édifier, à tout prix, l'opinion publique sur la véritable cause de nos malheurs.

Par l'opinion publique, j'entends tous les Français qui, par leur sens pratique de la vie et leur intelligence, honorent la France à ses propres yeux et aux yeux des étrangers ; j'entends les Français ruinés par la guerre après le coup d'État de Septembre, ceux qui pleurent la perte d'un membre de leur famille tombé sous les balles prussiennes ou mort de maladie ou de faim pendant le siége de Paris, ceux qui ont été volés, pillés ou faits prisonniers pendant la Commune, ceux enfin dont les parents ou amis ont été assassinés sous ce régime détestable.

Je comprends les Lorrains et Alsaciens, devenus Prussiens malgré eux, et qui gémissent sous la domination bismarckienne ;

J'entends nos braves et valeureux soldats qui, après avoir héroïquement combattu, ont dû subir l'humiliation horrible du désarmement et des mauvais traitements de ces brutes, de ces sauvages domestiqués du soudard prussien qu'on appelle Guillaume ;

Je comprends généralement tous les Français — et le nombre en est grand — qui, directement ou indirectement, ont eu à souffrir de la guerre continuée par les anarchistes de Septembre, des perturbations causées, avant ou après, par ces mêmes hommes, et des sanglantes folies des communeux.

Ceci dit, j'empoigne mes révolutionnaires — droguistes, — et je vous préviens tout d'abord que je n'ai dû qu'à mon extrême prudence d'avoir échappé à l'influence pernicieuse de l'abominable drogue qu'ils ont, sans honte ni vergogne, fait avaler à la France et qui a réduit notre pauvre pays à un état si lamentable.

Oui, cette bande éhontée, qui faisait de l'opposition à Napoléon III, est seule cause de nos désastres. Au lieu, effectivement, de contrôler ses actes en bons patriotes, ils n'avaient d'autre but que de renverser son trône et sa dynastie. Pour y arriver, ils n'ont reculé devant rien ; tous les moyens leur ont été bons.

Les uns, animés d'une haine personnelle contre l'Empereur, s'évertuèrent à la communiquer à de jeunes intelligences, aujourd'hui perdues pour le pays, avec tant d'acharnement que cela devint une véritable épidémie.

Les autres exploitèrent le mot Liberté en le travestissant : Liberté par-ci, Liberté par-là ; il fallait à la France toutes les Libertés possibles et impossibles : la Liberté de rendre la vraie Liberté impossible ; la Liberté de la confusion, du désordre, de l'indignité, de la débauche, du vol, du pillage, de l'incendie et du crime ; il fallait surtout aboutir au renversement du Gouvernement prospère, quoi qu'il dût en coûter à la France !

Et, sous ce rapport, on pourrait peut-être adresser, avec quelque raison, un reproche à Napoléon III : c'est d'avoir fait concessions sur concessions à ces perturbateurs, ne prévoyant pas qu'il favorisait les projets de Bismark.

D'autres, enfin, tirèrent un grand parti du mot République. Ils faisaient un tableau des plus séduisants de cette forme de gouvernement qui, suivant eux, devait transformer la France en vrai paradis terrestre, où les cailles tomberaient toutes rôties dans la bouche du pauvre peuple, où chaque citoyen aurait le droit de tout faire, de satisfaire tous ses appétits et toutes ses passions, de ne rien respecter pourvu qu'il fût content, car chaque citoyen aurait tous pouvoirs pour cela : il serait *riche et roi !* On ne peut expliquer que par ces théories abominables et insensées la profonde démoralisation à laquelle nous assistons et le fanatisme furieux avec lequel certaines natures prononcent ce mot : LA RRRÉPUBLIQUE !

Les orateurs aimés et les énergumènes du parti rouge avaient aussi leurs tirades à effet sur le coup d'État et l'homme de Décembre. Ils ne manquaient jamais de les placer, et, certains du succès sur ceux qu'ils avaient déjà abêtis, on les voyait enfler la voix, grimacer et faire de grands gestes, en employant les qualifications les plus monstrueuses.

Ah ! vous parliez ainsi. Eh bien ! je vais vous dire, moi, ce que pensent du coup d'État de Décembre 1851, les gens honnêtes et de bon sens.

Il a sauvé la France ; il a prévenu des convulsions semblables à celles par où nous venons de passer.

Après 1848, au moment où ces malheurs allaient éclater, un homme a surgi, conduit par la main de Dieu. Cet homme, éclairé d'en haut, infiniment supérieur, résolu et énergique, a fait emprisonner ces malfaiteurs qui — alors comme naguère — sapaient les institutions et corrompaient le peuple.

Il a rendu un immense service à la société.

Louis-Napoléon Bonaparte a ensuite rétabli la Loi et la Constitution et fondé un gouvernement solide, lequel, pendant 18 ans, a fait le bonheur du pays, lui a donné une prospérité à nulle autre pareille. Tout le monde, à cette époque fortunée, faisait ses affaires ; les petits intérêts étaient protégés à l'égal des grands, les talents se faisaient jour ; on leur donnait les moyens pour arriver ; le paupérisme disparaissait peu à peu, et la France, florissante au dedans, était grande et respectée au dehors.

Plût au ciel que cette race maudite de droguistes eût dès lors à jamais disparu ! .

Plût au ciel surtout que Napoléon III n'eût jamais abandonné à d'autres les rênes du gouvernement, qu'il tenait d'une main si ferme et si digne !

Plût au ciel qu'au 4 Septembre, au moment où il se sacrifiait, une mâle énergie, se substituant momentanément à la sienne, eût fait rentrer sous terre les empoisonneurs et maintenu le régime impérial !

Tous nos malheurs eussent été ainsi épargnés.

Pour revenir aux démagogues et aux moyens odieux dont ils se servaient, tous leurs mensonges et leurs perfidies amagalmés, enveloppés dans ces phrases flatteuses que le peuple gobe si bien, — composèrent une affreuse pilule qui fut ingurgitée par la population citadine, non pourtant sans une certaine défiance.

Mais, de toutes ces drogues, c'est le mot *Rrrépublique* qui fit le plus de mal.

Je ne dis pas que, parmi ceux qui les administrèrent, il ne s'en trouva pas quelques-uns de la force de ce *Martiguau* (habitant des Martigues) qui voulait faire une farce à ses concitoyens, et dont je vais vous raconter l'histoire :

Mon homme, un beau jour, fit courir le bruit dans la ville qu'on venait de prendre à Marseille un poisson plus gros que la baleine de Jonas et qu'on l'avait exposé sur la Cannebière. Il comptait que tous les *Martiguaux*, hommes, femmes et enfants, iraient voir cette nouvelle merveille. Son tour réussit au delà de ses désirs, et, pour mieux voir l'empressement des badauds et en rire, il monta sur le clocher de l'église. Mais la nouvelle ayant circulé de bouche en bouche, tout Martigues y avait cru et tout Martigues s'était transporté à Marseille. Notre homme commença a être ébranlé lorsqu'il vit tant de précipitation ; aux derniers curieux, il ne savait plus que penser. Enfin, lorsque le dernier habitant eut passé, il dit : « C'est peut-être vrai..., si tu allais voir, et il partit rejoindre les autres à Marseille.

Il en est ainsi d'un grand nombre de républicains qui, attaqués par de mensongères théories, s'en grisent eux-mêmes et finissent par en être convaincus. Ceux-ci sont à plaindre et on est porté envers eux à l'indulgence. Mais ceux qui font métier de républicanisme, ceux qui pervertissent et entraînent les autres pour s'enrichir et s'élever à leurs dépens, ceux-là sont méprisables et on ne saurait être trop sévère à leur égard.

Mais il faut cependant se mettre en garde aussi bien contre les uns que contre les autres, — vous en conviendrez avec moi, — car il doit vous être tout aussi dur de mourir de la main d'un assassin, qui vous attendra au coin d'un bois, que par la maladresse d'un ami qui, à la chasse, déchargera son arme sur vous.

Mes idées sur la République en France sont bien simples. Les voici catégoriquement :

Je suis convaincu que si tous les Français évacuaient leur pays pour faire place aux Américains, — lesquels se gouvernent chez eux en gens pratiques par la République, — ceux-ci s'empresseraient d'établir en France une monarchie qui, vu l'état actuel de l'Europe, peut seule maintenir l'équilibre si désirable à la prospérité des nations.

En un mot, la République ne convient pas au caractère français, boursouflé d'illusions, infatué de vanité et rempli d'idées fausses et malsaines sur la forme comme sur le fond de cette espèce de gouvernement et sur ses résultats, tout à fait opposés aux intérêts réels de la nation.

Qu'on consulte, du reste, la France, et, comme toujours, elle appellera la monarchie et la monarchie impériale, parce que la partie saine de la population, — et grâce à Dieu elle est encore en majorité, — sait bien que là est le bonheur, que là est le salut.

Maintenant, il faut retourner à nos empoisonneurs politiques, dont nous aurons à nous occuper tant que nous parlerons de cette guerre néfaste.

Bismarck, lui, ses acolytes et ses espions, ont habité la France et en ont profité pour étudier très-méthodiquement le fléau qui ronge cette nation si sympathique à toutes les âmes bien nées. Il a vu bien vite que ceux qui l'ont propagé seraient pour lui des auxiliaires puissants. Dans sa tanière, il s'est pris à rêver, en

Allemand philosophe, au moyen de nous arracher les milliards dont son maître avait tant besoin.

Il a longuement mûri ses noirs desseins, sans se préoccuper le moins du monde des lois de l'humanité et de la civilisation.

L'origine de la guerre me rappelle ce que j'ai vu souvent dans mon village, car j'ai pour habitude, dans ma naïveté campagnarde, de tout comparer à ce qui a lieu dans mon trou. C'est là que l'on trouve le vrai bon sens, et ce n'est pas à dédaigner.

Dans mon village, si un gaillard solide, mais prudent, en voulait à un homme, aussi solide mais plus brave que lui, et qu'il choisît pour le provoquer le moment où ce dernier est indisposé par l'absorption d'une liqueur droguée quelconque, — parce qu'il penserait qu'il a perdu en ce moment une grande partie de sa force, et a grande chance d'être battu, — la population donnerait certainement par son attitude tort au provocateur et lui ferait un mauvais parti, s'il avait le dessus.

C'est là le cas des deux peuples qui viennent de s'écharper d'une si déplorable manière, au mépris de toute justice et de toute humanité. Il n'y a qu'une seule différence : c'est l'indifférence et l'égoïsme des spectateurs.

Cependant, Bismarck, sans scrupules comme tout bon Allemand, guettait la France en proie à une peste morale.

Notre pays était encore assez favorisé du ciel pour être gouverné par un prince vraiment sage, éclairé et ami du peuple.

Il voulait arriver à guérir la France et la faire devenir une nation puissante et pratique, comprenant bien ses devoirs et ses intérêts, en un mot, une nation de son temps au premier rang par le progrès et la paix.

L'Empereur avait commencé à réussir dans cette œuvre noble et belle ; la France se remettait un peu de ce qu'elle avait absorbé, et la preuve c'est le plébiscite qui, — pour quiconque n'est pas un imbécile ou de mauvaise foi, — signifie que ce jour-là, où elle a repris possession de ses sens et de ses qualités, la nation s'est prononcée pour l'Empereur et un gouvernement sérieux, solide et honnête, contre les charlatans révolutionnaires et le régime du désordre, de l'indignité et du vice.

Ce rétablissement ne faisait pas l'affaire du sire de Bismarck ; bien renseigné par ses nombreux espions, il ne voulut pas le laisser progresser.

Il jugea le moment venu, pensant bien, avec son flair politique,

que ses bons alliés, les droguistes, lui faciliteraient singulièrement la besogne.

Il fallait trouver un prétexte pour faire déclarer la guerre à la Prusse par la France.

Le rusé compère Bismark fit surgir la fameuse question du prince Machin.

Malheureusement, la France était encore trop agitée pour résister à la provocation de la Prusse, et elle ne sut pas assez se posséder pour se rendre compte de l'indignité de la provocatrice.

Avec plus de sang-froid et maîtresse d'elle-même par le gouvernement parlementaire que lui avait libéralement octroyé Napoléon III, elle aurait pu réduire à néant les trames odieuses de la Prusse.

L'Empereur lui-même ne pouvait s'opposer au vote de la Chambre parlementaire, représentant le pays, et à l'indignation publique. Il ne pouvait ni ne devait le faire.

La guerre fut déclarée, et le tour infâme du ministre prussien était joué.

Après nos premiers revers, l'effet des poisons politiques se manifeste d'une manière désolante. Un peuple de Bédouins aurait montré plus de sang-froid que les Parisiens et aurait compris mieux qu'eux la véritable cause de ces grandes défaites. Mais ç'eût été peine perdue de parler raison aux Français dans ces recrudescences de folie. Du reste, les droguistes, voyant le moment favorable pour escalader le pouvoir, relevèrent audacieusement la tête.

Sans vouloir se rappeler l'opposition systématique qu'ils avaient faite à l'armée, les obstacles qu'ils avaient soulevés lors de l'organisation de la garde mobile, les démagogues droguistes continuèrent à démoraliser. Ils firent ronfler de plus belle aux oreilles du peuple leurs phrases vides et leurs grands mots. La Rrrépublique devait sauver la France comme en 93.

Il fallait les armées populaires et nationales, comme alors.

Les misérables! Ils oubliaient, à dessein, que le monde a marché depuis, que les mœurs et les institutions se sont modifiées et qu'il n'y a de commun entre ces deux époques que les malheurs qui ont fondu sur la France, mais que leur origine est tout à fait différente.

L'expérience ne l'a que trop prouvé à nos dépens.

Quoi qu'il en soit, dès nos premiers désastres, ces grands patriotes furent heureux du succès de nos ennemis, leurs alliés, et allèrent jusqu'à crier : Vive la Prusse !

Napoléon III, — l'homme d'esprit et de sens politique, — n'a dû certainement pas se faire d'illusions sur sa situation entre deux ennemis acharnés : les Prussiens en Lorraine et les empoisonneurs à Paris. Chef élu plusieurs fois du peuple français, par huit millions de suffrages, il a souffert de bien cruelles douleurs, sa grande âme s'est déchirée quand il s'est vu dans l'impossibilité de sauver son pays et d'éviter les désastres que nous réservaient la folie des droguistes, et dont il avait le pressentiment.

Mais les républicains, dans leurs immortels principes, n'admettent pas qu'un prince soit un homme et qu'on doive compatir à ses douleurs, même les plus poignantes. Aussi, n'insistons pas sur ce sujet.

Supposons un instant qu'après les premières défaites, la France se fût trouvée guérie et que l'effet des drogues politiques eût été neutralisé par ces violentes secousses ; supposons qu'au lieu de faire perdre au peuple toutes les notions du juste, du droit et de l'honnêteté, en l'abrutissant et le portant à détester l'Empereur, les droguistes, honteux et effrayés de leur œuvre maudite et de ses conséquences, se fussent cachés, loin et bien loin, que serait-il arrivé ?

Ou bien l'Empereur, débarrassé du souci des Prussiens de Paris, aurait reconnu la nécessité de faire la paix, aurait consulté à cet effet la nation, aurait, avec son habileté diplomatique, appelé à son aide l'influence des autres puissances, et aurait, de la sorte, obtenu une paix de beaucoup moins honteuse et moins chère.

Ou bien, se sentant appuyé par le pays pour la continuation de la guerre, et comptant sur les immenses ressources de la France, dont il savait si bien tirer parti, l'Empereur se serait replié sur Paris avec l'armée du maréchal Mac-Mahon et aurait organisé la défense, comme pouvaient seuls l'organiser les vrais talents militaires, civils et désintéressés.

De son côté, le maréchal Bazaine, fidèle à son prince, aurait résisté dans Metz jusqu'au bout et aurait retenu sous les murs de cette forteresse une armée ennemie de deux cent mille hommes, s'il n'était pas parvenu à forcer les lignes prussiennes et à rejoindre l'armée de l'Empereur.

Vous figurez-vous la population de Paris et son courage patriotique, surexcitée par la présence de son souverain et dirigée par des chefs illustres? Elle aurait fait des miracles d'héroïsme et aurait tellement épouvanté les Prussiens que M. de Moltke n'aurait jamais songé à investir Paris.

Mais, en admettant même que le siége eût été entrepris, combien différent en eût été le résultat, dans ces conditions régulières de direction, d'organisation et de dévouement. Lorsqu'on constate ce qu'ont fait les révolutionnaires, après avoir chassé de la direction de la guerre et de l'administration tous les hommes capables et les avoir remplacés par leurs amis ignorants qui ne songeaient qu'à s'emplir les poches, on peut facilement en déduire ce qu'aurait produit l'Empereur dans les conditions bien différentes où il aurait eu l'habileté de se placer.

Il aurait, sans nul doute, combiné avec certitude, un effort des armées de province, régulièrement organisées, avec un élan impétueux des troupes parisiennes; eût fait lever le siége et reconduit les Prussiens l'épée dans les reins jusqu'à Berlin. Là, appuyé par les autres puissances, qui ne se seraient pas moquées de lui comme de la Rrrépublique, il aurait signé une paix glorieuse, non-seulement ne cédant aucune parcelle du territoire, mais l'étendant de l'autre côté du Rhin.

Mais la Providence avait décidé qu'il en serait autrement, et avait voulu infliger à la France un châtiment aussi grand que ses fautes.

Au lieu de se replier sur Paris, l'Empereur doit, — pour satisfaire à l'opinion publique surexcitée et trop malade pour apprécier sainement la situation, — marcher au secours de Bazaine. Il n'a pas dû s'illusionner sur la réussite de ce plan de campagne, d'autant plus que les doctrines malsaines avaient agi dans les casernes et que leurs effets s'en faisaient sentir dans l'armée, où la démoralisation et l'indiscipline enrégimentaient journellement de nouvelles victimes.

Nous voici arrivés à cette malheureuse bataille de Sedan, cette page lamentable qui a fait pleurer bien des cœurs français. Là, les Prussiens, trois fois plus nombreux que l'armée française, l'entourent de toutes parts et l'écrasent de leur puissante artillerie. Chaque heure, chaque minute augmente le massacre horrible de nos braves soldats, jusqu'au moment où le drapeau blanc s'agite pour parlementer.

La capitulation de Sedan était un fait accompli et l'Empereur et cent mille soldats étaient prisonniers.

A propos de cette catastrophe, les droguistes démagogues font éclater toute leur mauvaise foi. Tous leurs journaux sont remplis d'accusations de lâcheté et de trahison contre Napoléon III. Ils ne comprennent pas que cela a été, de sa part, un acte de sublime dévouement de ne pas se faire tuer inutilement sur le champ de bataille, et de conserver sa précieuse existence pour la mettre plus tard encore au service de la France.

Conçoit-on, en effet, une plus grande souffrance pour lui, le neveu du grand Napoléon, lui, l'homme de génie par excellence, que celle d'aller rendre son épée à cet ivrogne de roi de Prusse, ridicule polichinelle dans les mains de l'hypocrite Bismarck?

Mais Napoléon III, l'homme providentiel, a su ne pas mourir et se soumettre à cette horrible humiliation, dans l'espoir de pouvoir encore plus tard sauver son pays.

Son pays, le plus ingrat, le plus léger et le plus inconséquent que je connaisse. En Autriche, après Sadowa, la puissance de l'empereur François-Joseph n'a pas été amoindrie dans l'esprit de son peuple. Celui-ci n'en a été que plus respectueux et plus dévoué à son souverain, et n'a cherché qu'à lui faire oublier la douleur du revers et à l'aider à réparer la mauvaise fortune des armes. En France, après dix-huit ans de la prospérité la plus florissante, après les victoires de Crimée et d'Italie, après l'Exposition universelle. — unique dans le monde par sa splendeur, — l'Empereur vient également à être trahi par le sort des armes. Alors on le détrône, on l'injurie indignement et il n'est pas bon à donner aux chiens.

Mon langage va être apprécié comme révoltant par ceux qui sont complétement viciés par les poisons politiques. Mais je ne m'adresse pas à eux, ils sont perdus ; je ne parle qu'aux hommes de bons sens, afin qu'ils se préservent de toute atteinte.

Le 4 Septembre, date à jamais funeste, journée sinistre d'où découlent tous nos malheurs actuels ! Nous y sommes. Je vois toujours ce peuple de gamins insultant le grand homme que l'ignominie venait de renverser, arrachant les moindres insignes de sa dynastie et les traînant dans la boue, tandis que les grands patriotes révolutionnaires proclament la Rrrépublique. J'entends encore les Parisiens crier aux Prussiens, avec une singulière assurance : « Avancez maintenant, nous avons la Rrrépublique ! »

Comme nos ennemis devaient rire de cette bravade naïve!

En même temps, l'armement du peuple se fait sur la plus vaste échelle. L'honnête homme coudoie le forçat libéré et ne doit pas se plaindre. La Rrrépublique ne souffre aucune observation. Chacun prend un air martial. Les bataillons marchent précédés d'un groupe de vivandières aux uniformes brillants. C'est une véritable mascarade. Jamais peuple spirituel ne fut plus parfaitement ridicule.

La chasse aux agents de police commence. On arrache du sein de leur famille ces gardiens modestes et courageux de l'ordre, et, sans pitié pour leurs femmes et leurs enfants en pleurs, on les traîne, comme des criminels, au milieu de la foule qui hurle de joie à ce spectacle.

Puis viennent les distributions au peuple : 30 sous par jour aux hommes, 15 sous aux femmes, les bons de pain et de vin, les rations d'eau-de-vie, — moyens nouveaux de moraliser le peuple et de lui donner le goût du travail. En un mot, tout contribue à abrutir le peuple, et les hommes sensés ne peuvent qu'ouvrir les yeux sur ces prétendus droits du peuple à la souveraineté.

Sur ces entrefaites, M. Jules Favre va à la rencontre du compère Bismarck. Celui-ci joue, à Ferrières, avec le ministre français, comme le chat avec la souris. M. Jules débute par lui parler des crimes de l'Empire ; de sa folie de faire la guerre dont lui, Jules, n'a pas voulu, et patati et patata. Le chancelier prussien, — voyant que son interlocuteur a toute l'incapacité voulue pour servir son injuste cause, — ne lui en veut pas de le prendre ainsi pour un naïf, mais l'enjôle, le laisse pleurer, et, en fin de compte, le roule de la façon la plus complète. Jules s'en revient à Paris, raconte à la France ses démarches et lance sa fameuse phrase sur le pouce et sur la pierre.

C'est là que commença à se produire le flot de larmes que Jules Favre avait à sa disposition à la moindre circonstance, et dont il savait si bien se servir, — à moins que, par une juste et sévère punition du ciel, il n'ait été condamné à ouvrir ses voies lacrymales à perpétuité, en expiation de ses lourdes fautes.

De son côté, Gambetta, devenu populaire et grand patriote par le mot *irréconciliable*, monte héroïquement en ballon, et le malheur de la France veut qu'il échappe à ses bons amis les Prussiens pour venir remuer le pays et le mettre sens dessus dessous, criant que tout le monde doit mourir pour la *Rrrépu-blique*, et qu'il faut combattre *à outrance*.

A quoi tout ce tapage a-t-il servi, je vous le demande ?

Est-ce qu'on improvise des armées comme des discours ?

Est-ce qu'on peut organiser lorsqu'on a tout fait pour désorganiser, — discipliner, lorsqu'on a prêché l'indiscipline ?

Je ne m'appesantirai pas sur ce déplorable siége de Paris. Le général Trochu y a conquis... une certaine célébrité. Théoricien, rêveur, parleur et ambitieux, il est arrivé au pouvoir après avoir abandonné l'Impératrice, sans se souvenir de ce qu'il lui avait promis en conseil des ministres. Une fois là, il fallait ne rien compromettre et se ménager des entrées et des *sorties* dans chaque parti. Il a fait *un plan* sur ces bases, qu'il a déposé chez son notaire, et qui ne contenait guère que *ses sorties* toutes personnelles. Quant à Paris, il l'a fait marcher de défaite en défaite, d'émeute en émeute, jusqu'au 28 janvier, date à jamais mémorable de la capitulation.

Remarquons seulement ici que les grands rrrépublicains ont aussi trouvé bon de se servir du plébiscite qu'ils ont tant reproché à César. Il y a une seule différence : celui du 3 novembre était dicté par la peur; celui du 8 mai précédent, par la confiance et l'amour du peuple.

Viennent les élections à l'Assemblée nationale. Au lieu de se cacher pour faire oublier leurs fautes et leurs crimes, mes révolutionnaires se portent candidats, et la France, plus affolée que jamais, les nomme presque tous. Les principaux deviennent ministres et signent la honteuse paix que l'on connaît, ce qui exaspère le peuple de Paris, lequel, encore chauffé par de nouveaux droguistes-communistes, fait la révolution du 18 mars.

Tout paysan que je suis, lorsque j'ai vu armer le peuple de Paris, j'aurais parié tout ce que je possède contre trente phrases du premier blagueur populaire venu, que, même en cas de victoire, il y aurait une guerre civile quand il s'agirait de le désarmer, car j'avais prévu l'effet des drogues et poisons dont les Parisiens avaient été abondamment pourvus.

Nos braves soldats, accablés par les fatigues de la dernière guerre et par la douleur, sont donc réduits à faire le siége de Paris et résolus à réagir énergiquement contre les empoisonneurs et les empoisonnés.

Cette page honteuse et sanglante, tous les bons Français voudraient l'arracher, mais elle restera comme une tache éternelle et comme un exemple frappant.

Une populace en délire, que des chefs misérables et lâches avaient le soin d'exciter tous les jours par des boissons frelatées et des propos insensés, se livre à tous les excès ; ils boivent, ils volent, ils pillent. — Puis, les degrés sont bien vite franchis pour ceux qu'aucun frein n'arrête, — ils assassinent ! Enfin, ils détruisent, ils incendient, suivant l'exemple des insurgés du 4 Septembre, qui, pendant le siége, avaient réquisitionné le pétrole et brûlé le château de Saint-Cloud pour le salut de la République. Et cet horrible drame se termine par le massacre des otages, nobles et saintes victimes, à la lueur de l'incendie qui embrase les trois quarts de la capitale.

Que faut-il penser de ces rages, de ces folies, de ces crimes et de cette résistance inouie ? C'est que la plupart de ces infortunés, depuis longtemps rongés par les poisons, étaient arrivés à ce point d'être profondément convaincus qu'ils devaient tout détruire pour faire triompher leur cause détestable et faire le bonheur du peuple.

Aussi, je ne crois pas qu'un esprit un peu sain puisse contester que tous nos maux ne proviennent du parti de la drogue, qu'ils soient socialistes, républicains, révolutionnaires, démagogues ou communards ; il ne faut pas se payer de mots, ainsi qu'on le fait trop souvent en France, et à Paris surtout.

Si la France, au lieu d'être la première nation du monde, comme elle le devrait par sa position géographique, par la richesse de son sol et par son génie particulier, arrive belle dernière, elle le doit à ce parti et à sa négligence de se purger d'un fléau qui la conduit à une mort prématurée,

Mais, dira-t-on, comment arriver à cette purgation ? C'est simple comme bonjour. Que quelques hommes honnêtes se réunissent et forment comme qui dirait l'Internationale du bon sens ; qu'ils éclairent le peuple sur ses véritables intérêts et qu'ils lui fassent connaître la vérité sur les anarchistes. Ceux-ci ne résisteront pas à cette croisade du sens commun, qui montrera à la France leurs principes drogués, leur but maudit, et de quels hommes se compose leur parti.

Puis, qu'on prouve au pays que la République est un gouvernement qui ne vaut rien pour la France et pour l'Europe, en lui désignant les autres nations : l'Angleterre, l'Allemagne, la Russie, l'Italie, grandes et puissantes par la monarchie. Qu'on lui fasse surtout regarder l'Angleterre, si riche, si respectée, et qu'on lui demande s'il ne veut pas devenir comme elle.

Il est bien certain que la France répondra oui, et qu'elle voudra adopter la forme de gouvernement qui a fait le bonheur de l'Angleterre, c'est-à-dire la monarchie.

Mais, — me dira-t-on encore, — quelle monarchie, car on nous en propose au moins trois ? Il n'y a pas à hésiter, il faut prendre l'homme de génie qui a fait pendant dix-huit ans le bonheur et la grandeur de la France, il faut reprendre l'Empereur Napoléon III.

Quel autre, en effet, a autant fait que ce prince dans l'intérêt de tous, bien qu'il ait été entravé par les empoisonneurs?

A-t-on jamais vu tant de richesse dans le pays, tant de gloire au dehors, tant d'étrangers se donnant rendez-vous à Paris, devenu la capitale du monde?

Non, jamais le peuple n'a été si heureux que sous Napoléon III.

L'effet des doctrines droguées ne se prolongera pas indéfiniment si nous y faisons attention, et si les honnêtes gens le combattent avec une énergie de tous les instants.

Et, avant peu, le peuple français, reprenant possession de son jugement et de ses qualités, reconnaîtra son erreur et rappellera le grand homme à qui il doit des jours si beaux.

Mais je finis, car je sens combien je serais impuissant pour dire tout ce qu'il y a de monumentalement odieux et bête dans ce parti de la drogue.

Ma plume de paysan a retracé, sans aucune prétention, comme elle l'a su, les grands événements qui se sont succédés dans ces derniers temps, pour pouvoir surtout exprimer bien clairement et bien franchement son opinion :

Sur les empoisonneurs politiques qui sont cause de tout ;

Sur le Prussien-diplomate qui nous a surpris, malades, et en a profité ;

Sur l'injustice dont on a accablé l'Empereur,

Et sur les avantages qu'aurait son retour sur le trône.

J'ai le ferme espoir que j'en rencontrerai beaucoup qui penseront comme moi.

Paris.—Imp. LEFEBVRE, rue Cassette, 67-69.